AF279267

Mónica González Nievas

APULEYO EDICIONES   FOMENTO DE VALORES   CUENTOS ILUSTRADOS

EMPODÉRATE CON IZARIC Y SUELTA EL MÓVIL

APULEYO EDICIONES   FOMENTO DE VALORES   CUENTOS ILUSTRADOS

Dedico esta historia a Izan y Eric, a mis alumnos
y a todo aquel que haya sufrido en la escuela.

¿CUÁL ES TU MANADA?

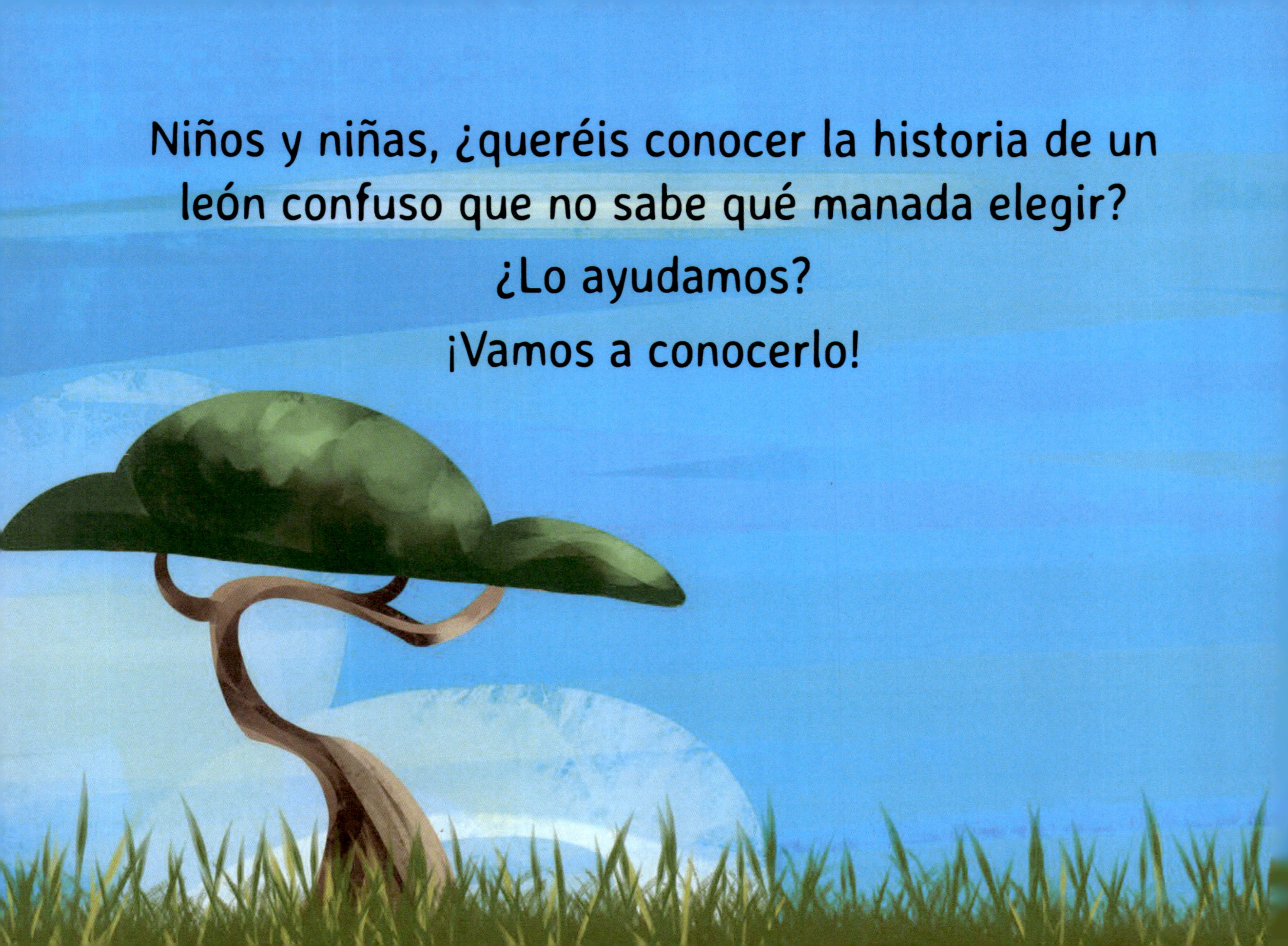

Niños y niñas, ¿queréis conocer la historia de un león confuso que no sabe qué manada elegir?

¿Lo ayudamos?

¡Vamos a conocerlo!

Esta historia comienza en la sabana africana donde vivía un león llamado Izaric. Tenía muchas dudas respecto a qué amigos elegir; se sentía confuso y aturdido. Su madre siempre le decía: ¡Cuidado porque con ellos tendrás que convivir!

Cuando Izaric pasaba tiempo con la manada Rena, sentía pena. Todo lo veía gris, esta manada no confiaba en él, lo trataba mal, no creía en sus posibilidades, usaba palabras feas y pegaba a otros animales. Ningún animal quería estar en ella y cuando se acercaba, temblaban.

TÚ ERES FEO!
NO TE QUIERO
NO TE AYUDO
TÚ NO PUEDES!

Esas noches, cuando Izaric se echaba a dormir, tenía pesadillas; no podía conciliar el sueño, se sentía mal, mostraba tristeza, rabia... por todo lo malo que recordaba.

Sin embargo, cuando pasaba tiempo con la manada Zira, hacían cosas divertidas. Jugaban respetándose, usaban palabras bonitas, se ayudaban, se animaban y sonreían todos.

TE QUIERO
ME GUSTA COMO
ME CUIDAS
AMIGO TÚ PUEDES
GRACIAS

Esas noches, Izaric dormía tranquilo, sus sueños eran preciosos porque estaba en calma y feliz como una perdiz.

Una noche, cansado de las terribles pesadillas, Izaric fue a buscar a la manada Zira, que lo escucha, lo entiende y lo respeta. Les contó su problema sin ninguna espera.

"¡LA MANADA RENA NUNCA ME ESPERA!"
"¡LA MANADA RENA USA PALABRAS FEAS!"
"¡LA MANADA RENA ME HACE SENTIR PENA!"
"¡LA MANADA RENA ME PEGA!"

Se dio cuenta de que hablando, su rabia y su furia se hacían cada vez más pequeñas y se podía relajar.

¡LA MANADA RENA USA PALABRAS FEAS!
¡LA MANADA RENA ME PEGA!
¡LA MANADA RENA NUNCA ME ESPERA!
¡LA MANADA RENA ME HACE SENTIR PENA!

Entonces, la manada Zira tuvo una gran idea para ayudar a Izaric a sembrar alegría.

Consejos de amigos: ¡Chicos y chicas, repetimos todos los consejos!

1. USA ESCUDO PROTECTOR, "LAS PALABRAS FEAS REBOTAN COMO UNA PELOTA, ENTRANDO POR UNA OREJA Y SALIENDO POR LA OTRA".
2. ALÉJATE DE QUIEN TE HACE DAÑO.
3. CREE EN TI, QUIÉRETE.
4. PARA A LOS DEMÁS Y DI LO QUE TE GUSTA.
5. PIDE AYUDA SI LO NECESITAS.

PIDE AYUDA SI LO NECESITAS.
PARA A LOS DEMÁS Y DI LO QUE TE GUSTA
CREE EN TI, QUIÉRETE.
ALÉJATE DE QUIEN TE HACE DAÑO.
USA ESCUDO PROTECTOR, "LAS PALABRAS FEAS REBOTAN COMO UNA PELOTA, ENTRANDO POR UNA OREJA Y SALIENDO POR LA OTRA".

Con todos estos consejos, Izaric se empoderó y, con mucho optimismo, fue a buscar a la manada Rena. En ese instante, estaban empujando a otro león. Izaric se puso delante y dijo: "PARAD, PARAD, PARAD. ¡Eso está mal! Nos gusta el buen trato, los abrazos, los besos...".

Muy enfadada, la manada Rena comenzó a decir palabras feas a Izaric. Este sacó su escudo protector y dijo: "LAS PALABRAS FEAS REBOTAN COMO UNA PELOTA Y LAS BONITAS ME LAS GUARDO EN EL CORAZÓN".

La manada Rena no daba crédito, ningún animal los había frenado. Esa noche, Izaric durmió tan bien que nunca jamás permitió que nadie le hiciera daño a él ni a sus amigos.

NO TE AYUDO, NO TE
PUEDES, NO TE
NO TE AYUDO
PUEDES, NO T
NO TE AYUDO
PUEDES, NO TE A
NO TE AYUDO, NO
PUEDES, NO TE AYUDO
TE AYUDO, NO
NO TE AY
AYUDO
UES, NO T

Si quieres ser feliz, la manada Zira será tu amiga.

Juega y rodéate de amigos donde reine el respeto, la amistad, las sonrisas, la ayuda…, donde todos podamos sonreír; y no olvides los consejos para ser feliz.

Colorín, colorado, con esta bonita historia, a Izaric hemos ayudado.

Dedico este cuento a mis padres, a mi alma gemela y marido, quienes siempre me apoyaron en esta gran aventura.

¿QUÉ MÓVILES
ME PASA?

¿Sabéis cómo se llama el protagonista de esta historia? **R** de revoltoso. **I** de impaciente. **C** de callado. Sí, su nombre es RIC.

Ric pasaba mucho tiempo con un dispositivo pequeño y luminoso. Sí, es lo que estáis pensando, un móvil. Estaba tan unido a él que si lo perdía de vista se enfadaba. Cuando no lo tenía en sus manos, se sentía diminuto e invisible. En casa no hablaba en todo el día y si hablaba, ¿sabéis qué tres palabras usaba? "Sí, no y a veces". Y a todas partes su móvil lo acompañaba, pero comenzaron a ocurrirle cosas muy raras.

¿Queréis seguir a Ric? Sí, ¿verdad?

¡Vamos a hacerlo juntos!

Cuando se ponía a comer con el móvil, en vez de pinchar comida, pinchaba en el mantel. Ric decía: "¡SOCORRO, NECESITO AYUDA INMEDIATA!".

¡SOCORRO!
¡AYUDA!
TESITO
DIALPA

Cuando iba al parque a buscar amigos, en vez de hablar
y jugar se ponía a deslizar y teclear. Ric decía:
"¡SOCORRO, NECESITO AYUDA INMEDIATA!".

NECESITO
INMEDIA...
SOCORRO
YUDA

Cuando quería hablar con papá o mamá,
no podía porque solo tres palabras sabía.
Ric decía:
"¡SOCORRO, NECESITO AYUDA INMEDIATA!".

SOCORRO
NECESITO
AYUDA
¡INMEDIATA!

Cuando iba a la escuela, no se concentraba. Ric decía:

"¡SOCORRO, NECESITO AYUDA INMEDIATA!".

Cuando la seño no le daba una respuesta inmediata,
se frustraba. Ric decía:

"¡SOCORRO, NECESITO AYUDA INMEDIATA!".

Cuando esperaba su turno para hacer deporte,
se desesperaba. Ric decía:

"¡SOCORRO, NECESITO AYUDA INMEDIATA!".

INMEDIATA
SOCORRO NECESITO AYUDA INMEDIATA!
SOCORRO NECESITO AYUDA INMEDIATA!
SOCORRO NECESITO AYUDA INMEDIATA!

Cuando viajaba en coche, se teletransportaba,
se perdía el recorrido, el aburrimiento,
el paisaje... Ric decía:

"¡SOCORRO, NECESITO AYUDA INMEDIATA!".

SOCORRO NECESITO
AYUDA INMEDIATA

Cuando sus padres quedaban con otros amigos
para divertirse, los niños no se divertían,
no podían. Ric decía:
"¡SOCORRO, NECESITO AYUDA INMEDIATA!".

SOCORRO NECESITO AYUDA INMEDIATA
AYUDA

Cuando iban a comprar, él no podía
opinar ni participar. Ric decía:
"¡SOCORRO, NECESITO AYUDA INMEDIATA!".

¡SOCORRO!
NECESITO
AYUDA
INMEDIATA

Cuando iba a dormir, lo último que siempre
veía era el MÓVIL. Ric decía:

"¡SOCORRO, NECESITO AYUDA INMEDIATA!".

SOCORRO...
NECESITO...
AYUDA

Colorín, colorado, si cambias el dispositivo luminoso por un cuento, esta historia ha ganado.

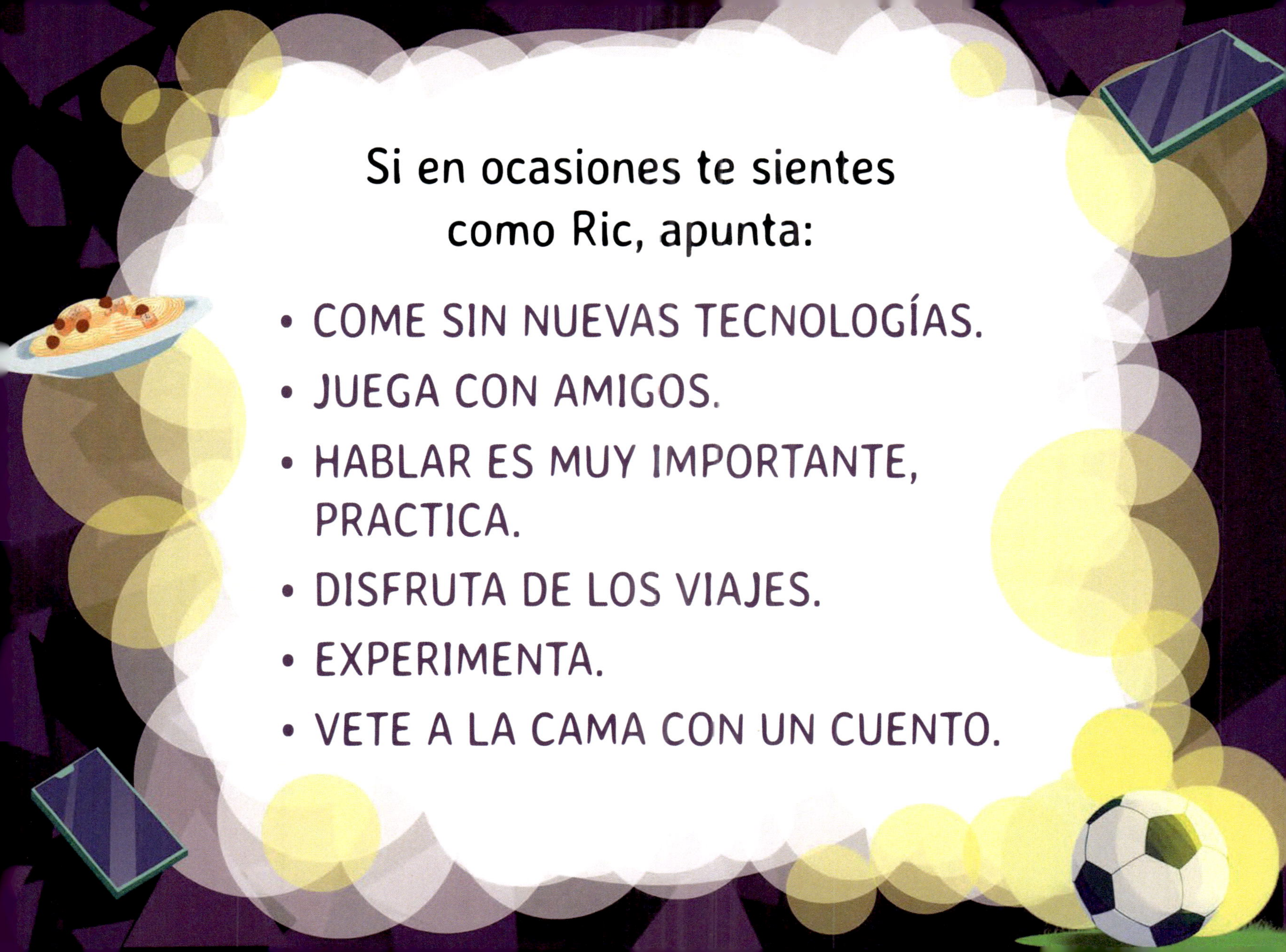

Si en ocasiones te sientes como Ric, apunta:

- COME SIN NUEVAS TECNOLOGÍAS.
- JUEGA CON AMIGOS.
- HABLAR ES MUY IMPORTANTE, PRACTICA.
- DISFRUTA DE LOS VIAJES.
- EXPERIMENTA.
- VETE A LA CAMA CON UN CUENTO.

© Mónica Gónzalez Nievas (de la obra)
©Apuleyo Ediciones (de esta edición)
Primera edición en Apuleyo Ediciones: febrero 2024
Diseño de cubierta: Sofía Corzo González
Corrección: Aitor Andreu Guerrero
Maquetación: Domingo Carrasco Martín
Ilustraciones: Víctor Oliver
Coordinación editorial: Isidoro Cidre González
info@apuleyoediciones.com
www.apuleyoediciones.com
ISBN: 978-84-10014-86-2
Depósito legal: H 434-2023

Hecho e impreso en España.

EMPODÉRATE CON IZARIC Y SUELTA EL MÓVIL

APULEYO EDICIONES   FOMENTO DE VALORES   CUENTOS ILUSTRADOS

Mónica González Nievas

APULEYO EDICIONES   FOMENTO DE VALORES   CUENTOS ILUSTRADOS